L'ŒUVRE GÉOGRAPHIQUE

DES REINEL

ET LA DÉCOUVERTE

DES MOLUQUES

PAR

LE Dʳ E.-T. HAMY

MEMBRE DE L'INSTITUT
CONSERVATEUR DU MUSÉE D'ETHNOGRAPHIE

MÉMOIRE

lu à l'Académie des Inscriptions et Belles-Lettres dans sa séance du 26 juin 1891.

PARIS
ERNEST LEROUX, ÉDITEUR
28, RUE BONAPARTE, 28

1891

L'ŒUVRE GÉOGRAPHIQUE

DES REINEL

ET LA DÉCOUVERTE

DES MOLUQUES

PAR

LE DR E.-T. HAMY

MEMBRE DE L'INSTITUT,
CONSERVATEUR DU MUSÉE D'ETHNOGRAPHIE

MÉMOIRE

lu à l'Académie des Inscriptions et Belles-Lettres dans sa séance du 26 juin 1891.

PARIS

ERNEST LEROUX, ÉDITEUR

28, RUE BONAPARTE, 28

1891

A

M. ALFRED GRANDIDIER

MEMBRE DE L'INSTITUT

L'ŒUVRE GÉOGRAPHIQUE DES REINEL

ET LA DÉCOUVERTE DES MOLUQUES

I

On n'a connu pendant bien longtemps des Reinel que ce qu'en ont écrit Barros et Herrera[1].

Le premier de ces historiens avait conservé le souvenir de deux personnages de ce nom, employés à la côte occidentale d'Afrique par le gouvernement portugais vers 1487. L'un, Rodrigo Reinel, envoyé du château d'Arguin à Huãdem[2], avait été nommé facteur d'une factorerie de Maures créée dans cette ville par le roi don João[3]. L'autre, Pero Reinel, accompagnait dans le même temps,

1. Fr. Kunstmann est le premier, entre les géographes modernes, qui ai rappelé les textes de ces auteurs en les analysant sommairement dans la dissertation *Ueber einige der ältesten Karten Amerikas*, qui termine l'ouvrage *Die Entdeckung Amerikas nach den ältesten Quellen geschichtlich dargestellt*, München, 1854, in-4°, p. 126.

2. Oadem (Valentin-Ferdinand). « Von der Insel Arguim, ihrem Castell, ihrem Handel, von dem Festlande und seiner Wüste, der Stad *Oudem*, dem Salze und anderen Ortschaften, von den Völkern in diesen Gegenden und Wüsten, den Thieren, Vögeln, Kräutern und Bäumen, wie von den Sitten der Bewohner » (Fr. Kunstmann, *Valentin Ferdinand's Beschreibung der Westküste Afrika's bis zum Senegal mit Einleitung und Anmerkungen* [Aus den *Abhandl. der k. bayr. Akad. d. W.*, III Cl., VIII Bd., 1 Abth]. München, 1856, in-4°, p. 40). — Ouadan des cartes modernes, à 400 kilomètres environ à l'est de la baie d'Arguin.

3. « Neste mesmo tēpo que el Rey dom João se visitava et carteaua cō estes Principes barbaros, mandao tambem per via de castello de Arguim a cidade Huãdem, que este ao Oriente delle obra de setenta legoas, assentar hūa feitoria com os Mouros, por ali concorrer algum resgate de ouro : ao qual negocio forão *Rodrigo Reinel* por feitor, Diogo Borges escrivão et Gonçalo d'Antes por homem da feitoria » (*Decada primeira da Asia do João de Barros dos feitos que os Portuguezes fezerão no descobrimento et conquista dos mares et terras do Oriente*, Lisboa, 1628, f° 59). — C'est peut-être ce même Rodrigo Reinel qui fit plus tard

en qualité de *moço d'esporas*[1], l'écuyer Rodrigo Rabello allant en mission par le rio Cantor[2], près du Mandi Mansa, l'un des plus puissants entre les chefs du pays mandingue. Des huit personnages qui composaient la petite expédition portugaise, Pero Reinel revint seul; c'était, en effet, dit Barros[3], « un homme accoutumé à aller dans ces régions ». Les autres étaient morts en route de maladie.

On ne sait rien de plus de ce Pero Reinel; aucun texte n'autorise donc à le rattacher, non plus que Rodrigo, un de ses proches sans doute, aux cosmographes de même nom, bien postérieurs en date, dont parle à son tour Antonio de Herrera.

Ces nouveaux Reinel sont mentionnés trente-cinq ans plus tard, en 1522, par l'historiographe des Indes.

Sebastian el Cano vient de ramener à Séville les débris de l'expédition de Magellan; la route par l'ouest vers les terres des Épices est ouverte aux Espagnols; on a besoin de pilotes expérimentés, connaissant plus particulièrement les découvertes relatives aux Indes des Moluques, *las Indias de los Malucos*. On enrôle donc Simon de Alcaçaba Sotomayor, chevalier portugais, « *grand marinier et cosmographe* », dont on avait jusqu'alors ajourné les offres de services, et l'on reçoit à la Casa Real *Jorge Reinel* et

partie de l'expédition de Cabral et fut fait prisonnier à Calicut en même emps que Aires Correa tombait sous les coups des Mores : « Hum Rodrigo Reinel, que fora cativo em Calecut no tempo de Pedralvares quando matáram Aires Correa Cabral » (Barros, *op. cit.* Dec. I, liv. VII, cap. vi).

1. *Moço fidalgo*, degré de noblesse inférieur à celui de *fidalgo escudeiro*.

2. La Gambie, ailleurs nommée rio Gambea de Cantor (Barros, Dec. I, liv. III, c. viii, f° 49).

3. « Porque neste tempo mãdou Pero d'Euora et Gonçaleanes a el Rey de Tucurol (*Takhrour*), et assi a el Rey de Tungubutu (*Timbouktou*), et per outras vezes mandou a Mandi Mansa per via do rio Cantor (*la Gambie*) : aqual principe era dos mas poderosos daquellas partes da provincia Mandinga. Ao quel negocio foi hum Rodrigo Rabello escudeiro da sua casa, et *Pero Reinel* moço d'esporas, et João Collaço besteiro da camara, com outros homës de serviço q̃ fazião numero de outo pessoas. E levarão lhe de presente cauallos, azemalas et mulas con sous areos et algüas sortes de cousas estimadas entrelles, por já lã têr mãdado outra vez. E de todos estes escapou Pero Reinel por ser homen costumado andar naquellas partes : et os maes faleçerão de doença » (Barros, *ibid.*, f° 58).

Je reproduis à dessein ce texte dans son entier, afin qu'il soit bien entendu qu'il s'agit ici d'un voyage dans l'intérieur et qu'on ne saurait en tirer, comme on l'a fait, cette conclusion que le Pedro Reinel de 1487 « passait pour un navigateur expérimenté ».

Pedro Reinel, pilotos portugais de grande réputation[1], *pilotos portugueses de mucha fama*[2].

Il est fort probable que l'un et l'autre attendaient cette nomination depuis un certain temps déjà dans le port de Séville. En effet, Navarrete a publié, en 1837, d'après une copie faite jadis par Muñoz à Lisbonne, une lettre au roi don Manuel écrite par son facteur en Andalousie, Sebastian Alvarez, et qui signale la présence à Séville de deux Reinel, le père et le fils, cartographes tous deux, travaillant pour le compte de l'Espagne.

Alvarez a vu une sphère et une carte qu'exécutait le fils et sur lesquelles étaient placées les Moluques ; le père est venu les finir[3], et cette œuvre, qui a servi de modèle à Diego Ribeiro, dit toujours Alvarez, était terminée avant le 18 juillet 1519, date de la lettre de cet agent au roi de Portugal.

La flotte de Magellan partait le 20 septembre suivant de San-Lucar de Barrameda, munie de vingt-trois cartes marines dont dix-huit avaient été exécutées dans l'atelier de Nuño Garcia[4] de

---

1. « Havia algunos dias que se havia ofrecido de servir al Rei Simon de Alcaçaba Sotomayor, Cavallero Portugués, que havia dexado el servicio del Rei de Portugal, ofreciendo de ser de mucho fruto, en la navegacion de las Indias de los Malucos, porque era gran Marinero, i Cosmografo ; i mientras se aguardaba el fin que tendria el Armada de Hernando de Magallanes, no se tomó con él resolucion ; pero con la llegada de la Nave Victoria, fue recebido por continuo de la Casa Real..... *Recibidse tambien à Jorge Reinel, i à Pedro Reinel, Pilotos Portugueses de mucha fama..... »* — (Ant. de Herrera, *Historia general de los Hechos de los Castellanos en las Islas y Tierra Firme del Mar Oceano*. Dec. III, libr. IV, cap. XIII. Madrid, 1726, in-4°, p. 132).

2. Cf. J.-B. Schmeller, *Ueber einige ältere handschriftliche Seekarten (Abhandl. der philosoph. philolog. Class. der königl. bayerisch. Akad. d. Wissensch*. Bd. IV, f° 249, 1847, in-4°) ; — Fr. Kunstmann, *Die Entdeckung Amerikas*, p. 126 ; — H. Harrisse, *op. cit.*, p. 163.

3. ..... « la cual tierra de Maluco yo vi asentada en la poma y carta que aqui hizo el hijo de Reinel, la cual no estaba acabado cuando aqui vino su padre por él, y su padre lo acabó todo, y puso estas tierras de Maluco. Por este padron se hacen todas las cartas que las hace Diego Riveiro, como tambien los cuadrantes y esperas. » (*Carta escrita en Sevilla al Rey de Portugal por Sebastian Alvarez su factor, sobre las contradicciones que sufria Magallanes, y de sus diligencias y persuasiones para que el y Falero se volviesen à Portugal. Da noticia de las armadas que se preparaban para otros destinos* [Coleccion de Muñoz, quien la extractó en Lisbou del original]; M.-F. de Navarrete, *Coleccion de los Viages y Descubrimientos que hicieron por mar los Españoles desde fines del siglo XV*, t. IV, n° XV, p. XLIX et 155. Madrid, 1837, in-4°).

4. « 23 cartas de marear, disent les comptes de la flotte, hechas en pergaminos por Nuño Garcia » (Navarrete, t. IV, p. 8). *La Relacion del Coste que*

Toreno, soit par ordre de Rui Falero, soit par ordre de Magellan lui-même. Toutes ces cartes, celles en particulier que Magellan avait fait faire, avaient dû s'inspirer des travaux des Reinel. Nous savons, en effet, par le célèbre historien des Moluques, Argensola, qu'à son arrivée en Castille, Magellan se servait déjà d'un planisphère de Pedro Reinel, où étaient tracées les Moluques.

On sait que le grand navigateur portugais, n'ayant pas rencontré, à son retour à Lisbonne, l'accueil que ses services dans les mers des Indes et en Afrique lui avaient mérité, se dénationalisa et passa en Castille où, pour se venger du déni de justice de son maître D. Manuel, il s'efforça de démontrer que les Moluques, récemment découvertes par son ami Serrão, étaient en dehors de la ligne de démarcation de la bulle d'Alexandre VI et, par conséquent, devaient revenir à l'Espagne[1]. C'est principalement à l'aide d'un planisphère dessiné par Pedro Reinel, *vn Planisferio dibuxado por Pedro Reynel*[2], qu'il parvint à décider l'empereur Charles-Quint à revendiquer ses droits[3], et obtint ainsi les ordres nécessaires pour l'organisation du premier voyage autour du monde.

tuvo la Armada de Magallanes insérée plus loin dans le même volume, parle de 24 cartes exécutées pour le voyage et dont une fut envoyée au Roi. « 13,125 maravedis por siete cartas de marear que hizo (Nuño Garcia) por la orden de Rui Falero a cinque ducados ; 11,250 maravedis que se pagaron á Nuño Garcia de once cartas de marear que hizo por la orden de Fernando Magallanes ; 13,500 maravedis por otras seis cartas de marear que hizo haçer Rui Falero con una que envió á S. A. »

1. Cf. Navarrete, t. IV, p. xxix et sqq., lxxiii et sqq., 188-189, etc.

2. Il se servait aussi pour ses démonstrations, suivant Herrera (Dec. II, libr. II, cap. xix), d'un globe bien peint, *vn Globo bien pintado,* dont on ne connaît pas l'auteur.

3. « Hizo discurso, que pues el Maluco distaua seyscientas leguas de Malaca para oeste, q̄ son poco mas o menos de treinta y seis grados, yazia fuera del limite Portugues, segun las cartas antiguas. Buelto a Portugal, no le hizieron merced, antes se juzgo por agrauiado, y sintiendo el diffauor, passo a Castilla, *trayendo vn Planisferio dibuxado por Pedro Reynel. Por el qual,* y por côferencias, que por cartas aula tenido con Serrano, persuadio al Emperador Carlos V, que las Malucas eran de su derecho. » (*Conquista de las islas Malucas al rey Felippe III N° S°r* escrita por el Licenciado Bartolome Leonardo de Argensola, capellan de Su Megestad de la Emperatriz y Retor de Villahermosa. Madrid, 1609, in-f°, p. 16.) — Cf. *Lendas da India* por Gaspar Correa, publicadas de ordem da classe das sciencias moraes, politicas e bellas lettras da Academia Real das sciencias de Lisboa, t. II, p. 28 et 625. Lisboa, 1860, in-4°.

II

Il serait assez malaisé de se rendre compte aujourd'hui de l'importance des documents géographiques ajoutés ainsi à la connaissance des mers de l'Extrême-Orient, si un hasard heureux n'avait point préservé de la destruction plusieurs originaux de Pedro Reinel, et notamment une carte marine de l'océan Indien, d'un intérêt tout à fait exceptionnel.

Il existe à Munich dans un dossier, mal étudié jusqu'à présent, qui se trouve au Conservatoire supérieur de l'armée bavaroise, une carte marine portugaise comprenant les Moluques, non datée, mais postérieure au retour de l'expédition d'Abreu (1513), sans nom d'auteur, mais ressemblant à s'y méprendre jusque dans ses détails à une autre pièce signée du nom de Pedro Reinel.

Cette carte, si précieuse pour l'histoire de la géographie de l'Extrême-Orient, fait partie d'un lot de quatre cartes marines manuscrites, réunies sous un titre commun et portant un seul et même numéro d'inventaire[1]. L'auteur du Catalogue géographique du Conservatoire de l'armée, publié en 1832, considérait trois de ces cartes comme faites par un certain *Salvat de Pilestrina*, qui a signé et daté la première à Majorque en 1511 ; il voulait bien toutefois reconnaître qu'il était douteux que la quatrième, celle justement qui nous intéresse, fût l'œuvre du même auteur qui avait dressé les trois autres[2].

1. La description que je donne ici de ce précieux monument est faite d'après un excellent fac-similé sur parchemin exécuté à Munich par Otto Progel.

2. « Die ganz Welt vorstellend, auf Pergament gezeichnet

« 1) Ganz Europa und Theil von Africa und Asien enthaltend mit den Bildnissen der Herrschen ;

« 2) Ganz Afrika und die südliche Hälfte von Europa ;

« 3) Afrika, Asien und Europa in Allgemeinen, mit den bekannten Theil von Amerika ;

« 4) Die Küsten von Süd-Afrika und Süd-Asien.

« Die ersten Nros von Salvat de Pilestrina en Mallorques en lay MDXI gefertiget. Nro 4 ungewiss of von gleichem Autor 4 bl. ».

(*Catalog über die im königlisch bayerschen Haupt Conservatorium des Armee befindlichet Landkarten und Pläne*. München, 1832, in-8°, s. 6-7.)

J'observerai seulement, en passant, que la troisième et la quatrième de ces cartes, dont la Bibliothèque nationale de Paris possède de très belles copies exécutées par Progel en 1836 (Inv. gén., n° 1020), l'une et l'autre de facture nettement portugaise (je ne parle pas du n° 2 que je ne connais point), ne peuvent

Kunstmann accueillit ces doutes, au cours de ses études sur la cartographie du Nouveau-Monde, où il s'occupait en passant de la collection de Munich. Mais il se borna à les fortifier quelque peu, à l'aide d'indications de détails, qui montraient que certains contours extrêmes étaient postérieurs à la date (1511), juxtaposée à la signature de Salvat de Pilestrina[1].

Kunstmann n'alla pas plus loin ; il revint même quelque peu sur ses pas en admettant que le dessin des quatre cartes de Munich trahissait une même école, *eine Schule*, quoiqu'elles ne provinssent pas toutes de Salvat[2].

Ce Salvat, dont nous ne savons absolument rien autre chose, est certainement un Italien établi à Majorque, et originaire de la ville de Palestrina[3]. Sa nationalité transparaît dans son œuvre ; il a conservé certaines habitudes décoratives des cosmographes

point émaner d'un dessinateur, italien d'origine et travaillant à la mode majorcaine, comme notre Salvat de Pilestrina. Il existe, d'ailleurs, à la Bibliothèque publique du Havre, un atlas de treize cartes, sorti manifestement (je le prouverai dans un autre travail), de l'atelier de Salvat, et comprenant la totalité du monde connu des cosmographes de Majorque en 1519. On n'y a absolument rien représenté des terres de l'Extrême-Orient.

1. « Bei der zuletzt genannten (Nro 4) hat der Verfasser des Cataloges indessen gezweifelt, ob sie zu den vorhergehenden gehöre. Vielleicht hat ihn hierzu der Umstand bewogen, dass sich auf ihr die Moluccen mit den Beisatze « Ilhas de « Maluco donde a o cravo » verzeichnet finden, der auf den schon bestehenden Handel mit Gewürznelken hinweist. Fast dieselben Worte finden sich indessen auch auf der vierte Karte unseres Atlasses (c'est le n° 3 du Catalogue), die in der Abbildung nur wegen der allzugrossen Breite der Karte weggelassen werden müssten, denn es heisst auch auf ihr : *ilhas de maluqua donde vem o cravo* ». In das Jahr 1511 können aber beide Karte nicht gehören, weil Albuquerque erst in diesem Jahre von Malacca aus den Handel mit den Moluccen zu eröffnen trachtete. » (Fr. Kunstmann, *Ueber einige der ältesten Karten Amerikas [Die Entdeckung Amerikas, nach der ältesten Quellen geschichtlich dargestellt]*. München, 1859, in-4°). — Kunstmann résume ensuite le voyage d'Abreu et Serrano qu'il connaît mal, n'ayant pas consulté le texte de Galvão, dont Hakluyt avait pourtant donné une traduction anglaise dès 1601.

2. « Die Zeichnung der vier Karten, welche im Cataloge der Hauptconservatorium der Armee zusammen angegehen sind, *verräth* übrigen *eine Schule*, wenn sie auch nicht alle von Salvat de Pilestrina, dessen weiten Lebensverhältnisse uns unbekannt sind herrühren » (Fr Kunstmann, *loc. cit.*).

3. M. H. Harrisse a proposé de lire son nom Salvat(ore) de Palestrina : nous aurions là, ajoute-t-il, l'œuvre d'un cosmographe vénitien ou romain établi à Majorque, car « Pilestrina » n'est pas un nom majorquin de personne ou de lieu (H. Harrisse, *Jean et Sébastien Cabot, leur origine et leurs voyages*, etc. Paris, Leroux, 1882, in-8°, p. 161).

de son pays. La languette, par exemple, taillée à gauche du lecteur, est ornée d'une miniature de la Vierge portant l'Enfant Jésus ; les points cardinaux et collatéraux sont occupés par de petits médaillons bleus renfermant des têtes d'Amours roses à cheveux dorés qui représentent les vents.

Il copie en même temps les roses catalanes portant au centre les symboles ou les initiales des huit points principaux de l'horizon[1] et ornemente sa carte, là où cela est possible, de figures en pied reproduisant les portraits de convention des puissants de la terre[2] ou de petites vignettes, qui représentent les ports principaux du monde commercial[3]. Ailleurs, ce sont des écussons[4], des pavillons armoriés, etc.[5].

Presque tous ces accessoires empruntés à la fois aux deux écoles, italienne et catalane, sont absents de la carte n° 4 du dossier de Munich, dont l'ornementation discrète consiste exclusivement en quelques larges inscriptions pseudo-gothiques, en un certain nombre de roses ornées, d'un style particulier, en deux échelles sobrement décorées et en quelques drapeaux flottants, avec ou sans flammes, parcimonieusement distribués le long des côtes.

Les inscriptions, en grandes lettres noires de $0^m,015$ de hauteur, portent quelques traces de dorure. Elles forment les mots : TROPICO DE CANCER~, CIRCOLO EQUINOCIAL~, POLO ARTICO~, POLO ANTARTICO~, TROPICO DE CAPRICORNIO~.

Les roses de vents offrent trois variétés : l'une de ces roses, beaucoup plus grande que les autres, peinte immédiatement à droite de la deuxième inscription (*circolo equinocial*), comprend une figure centrale, formée d'une sorte de feuille bleue trilobée,

---

1. Ces signes caractéristiques des cartes catalanes, ou de celles qui en sont dérivées, sont dans le même ordre, +, S, C, ℒ, 4, ℳ, ↑, 6, qui correspondent à la nomenclature locale (*llevant, seloch, mijorn, llebeych, ponent, mestral, tramuntane et grech*).

2. *Rey de Ghinea, rey de Nubia, rey de Vigana, Preste Johan d'India, Soldü de Babillöia, rey de Turchia, Grä cha de Tartaria, rey de Rossia, rey de Pollonia et Bosmia, rey de Ungria, Emperador de Alamüya, rey de Frància, rey d'Ispanya.*

3. Les plus importantes de ces vues représentent Venise et Gênes, puis Barcelone, Valence, Lisbonne et Saint-Jacques de Compostelle, Le Caire, Jérusalem, etc.

4. Notamment pour l'Angleterre, l'Écosse et l'Irlande, la Corse, la Sardaigne et la Sicile, etc.

5. Les pavillons sont nombreux, depuis le pavillon horizontalement rayé de vert et de blanc qui domine le cap *de buxador*, jusqu'à celui de Gênes, qui flotte encore à Caffa, Savastopoli, etc.

base de l'aiguille aimantée, autour de laquelle rayonnent seize pointes bleues et rouges alternées. De cette figure centrale sortent huit grandes flèches bleues, ombrées de noir, à doubles échancrures prises deux fois sur chaque bord, et qui correspondent aux points cardinaux et collatéraux. Des flèches vertes, plus courtes parce qu'elles émanent d'un cercle intérieur tracé au niveau des échancrures des grandes flèches internes, correspondent aux points de troisième ordre (16es); elles ne sont échancrées qu'une fois et répondent aux pointes rouges de la rosace centrale. Enfin, les points de quatrième ordre (32es), sont figurés par de courts triangles rouges. Le tout est surmonté d'une large aiguille en forme de fleur de lis contournée, peinte de bleu et à laquelle se rattachent d'élégants petits pendentifs rouges.

Les autres roses sont tout à la fois moins grandes et plus simples. Elles appartiennent à deux variétés; l'une ayant les huit pétales principaux alternativement rouges et bleus ou tous bleus, une fois échancrés de chaque côté; l'autre présentant les mêmes alternances de couleur, sans aucune découpure.

Les échelles sont encadrées de filets alternativement rouges et bleus, agencés de telle sorte que si la moitié gauche du cadre est bleue au-dessus de la graduation, elle sera rouge au-dessous et inversement. L'un de ces encadrements se termine aux deux bouts par de simples équerres, l'autre se ferme par un double biseau un peu concave orné de trois petites boules et prolongé par deux points coloriés.

Les drapeaux, plantés tous sur de petites collines vertes, sont de deux sortes : les uns, carrés, ont la couleur du Portugal et sont surmontés plusieurs fois d'une longue flamme rouge ; les autres, triangulaires, rouges avec un croissant blanc, sont réservés aux pays musulmans. On rencontre aussi parfois superposés deux étendards triangulaires, l'un rouge et l'autre bleu.

Les côtes sont cernées dans la plus grande partie de la carte d'un mince filet vert qui s'étale ailleurs en taches plus ou moins étendues. Les points du littoral, où sont plantés les drapeaux et les étendards, sont généralement figurés sous l'aspect d'une colline verdoyante. Les petites îles et les îlots sont généralement peints de bleu ou de rouge ; les îles plus grandes sont en vert ; les noms qui accompagnent les terres isolées sont écrits en rouge. La nomenclature suit d'ailleurs toutes les règles usitées dans les cartes marines, et il est inutile d'y insister.

III

Tous ces détails se retrouvent, ou bien peu s'en faut, dans une autre carte de Munich, bien connue de tous ceux qui s'intéressent à l'histoire de la géographie et qui est signée, celle-là, en grosses lettres pseudo-gothiques

JnÕs‖Pedro Reine|l afez‖.

Cette seconde carte, qui appartient à la Bibliothèque royale, où elle est classée sous la mention *Cod. iconogr.* 132, a été décrite par J.-A. Schmeller, dans un mémoire lu par ce savant bibliothécaire à l'Académie des sciences de Munich le 2 décembre 1843[1], et partiellement publiée en chromolithographie par Fr. Kunstmann, K. von Spruner et G.-M. Thomas, dans leur magnifique atlas de 1859, dont elle forme la planche première[2].

Ces auteurs ont malheureusement négligé de reproduire l'extrémité orientale de la carte, qui offrait l'intérêt, signalé déjà par Schmeller, de donner le nom d'un des plus anciens propriétaires de ce précieux document. On lit, en effet, dans l'espace vide qui correspond au centre de l'Afrique, tracés d'une autre main que celle du cartographe, ces mots :

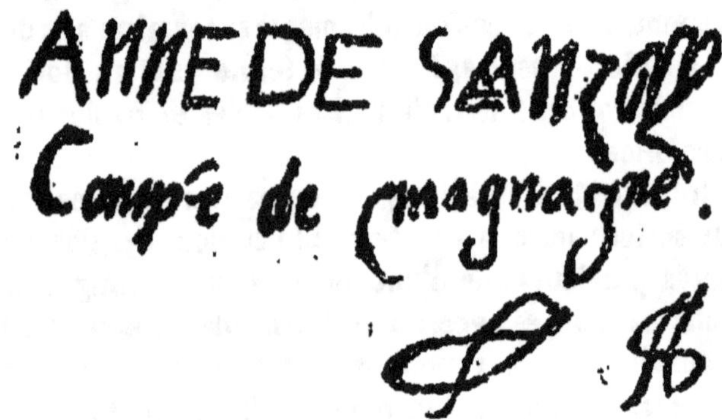

1. J.-A. Schmeller, *Ueber einige ältere handschriftliche Seekarten* (Abhandl. der I Cl. d. Ak. d. Wiss., IV Bd. Abth., I, s. 247-250. München, 1847, in-4°).

2. *Atlas zür Entdeckungsgeschichte Amerikas, aus Handschriften der k. Hof- und Staats-Bibliothek, der k. Universität und des Hauptconservatoriums der k. b. Armee*, herausgegeben von Friedrich Kunstmann, Karl von Spruner, Georg M. Thomas. München, 1859, gr. in-f°. La brochure in-4°, citée plus haut, *Die Entdeckung Amerikas*, etc., contient entre autres choses l'explication des planches de cet atlas.

3. Je dois le fac-similé, reproduit ci-joint, à M. le Dr Laubmann, directeur

Anne de Sanzay, *compte de Magnagne*, signature autographe de l'un des personnages les plus extraordinaires de ce xvi° siècle, qui compte pourtant tant d'individualités exceptionnelles. Filleul du connétable Anne de Montmorency[1], Sanzay appartenait à une grande famille du Poitou, et combattit d'abord contre les Barbaresques, avant de devenir l'un des plus terribles entre les chefs de bande qui désolèrent l'ouest de la France pendant les guerres de religion. Notre confrère, M. Anatole de Barthélemy, a publié jadis une notice très riche en documents de toute sorte, sur ce redoutable partisan; je ne puis que renvoyer à ce consciencieux travail les lecteurs, que ne rebuteraient pas les récits d'une longue vie de brigandages[2].

C'est sans doute quand il armait contre les Algériens, que Sanzay s'était procuré la carte de Reinel, où il a mis son nom. Ses navigations dans la Méditerranée ne devaient guère durer d'ailleurs. Un boulet de canon lui emporta un bras, remplacé par un appareil métallique, qui lui valut plus tard le sobriquet de *Bras de fer*. Puis il fut prisonnier à Alger, où sa captivité a trouvé, il est vrai, des adoucissements, plaisamment commentés par Brantôme dans son *Discours premier sur les dames de son temps*[3].

Revenons à Pedro Reinel et à sa carte marine[4] pour insister seulement sur son identité avec l'œuvre non signée du *Haupt-conservatorium*, que nous attribuons au même cartographe.

de la Bibliothèque royale de Bavière, que je prie d'agréer tous mes remercîments pour son obligeante communication.

1. D'où ce prénom de *Anne*, très embarrassant pour Schmeller, qui ne savait si c'était le nom d'un homme ou d'une femme « was auf einen frühern Besitzer oder eine Besitzerin zu gehen scheint » (p. 250).

2. A. [de] Barthélemy, *Anne de Sanzay, comte de la Magnanne, abbé séculier de Lantenac.* Saint-Brieuc, 1852, br. in-8°.

3. Brantôme, *Discours premier sur les dames de son temps*; cf. Barthélemy, *op. cit.*, p. 6.

4. La carte a, suivant Schmeller, 2 pieds 9 pouces bavarois de long, 2 pieds de large; elle est terminée par une languette à droite; c'était donc une carte roulée, une carte marine d'usage courant et non pas, comme on l'a dit « une feuille détachée d'un portulan ». On y voit à droite la plus grande partie de l'Europe et une partie de l'Afrique, à gauche les terres américaines du haut nord découvertes par les Corte Real (Cf. *Bull. de Géog. Hist. et Descript.*, t. I, pl. III, 1885). La côte d'Afrique est dessinée dans l'original depuis Libida, à l'est de Tripoli, jusqu'au cap Vert. Les côtes occidentales d'Italie, le littoral de la France et de la péninsule ibérique, une partie de la Néerlande et les îles Britanniques sont également représentées. C'est toute cette extrémité droite, un peu banale,

Les inscriptions en majuscules, comparées à celles de la carte du Conservatoire de l'armée, ne montrent dans la forme des lettres que des différences insignifiantes. Les lettres courbes, les *d*, les *o*, sont plus arrondies ; les *a*, les *n*, les *r*, demeurent absolument semblables, et l'agencement des lettres est tout à fait identique.

Nous retrouvons l'échelle de degrés bicolore, ouverte en équerre à ses deux extrémités ; l'autre échelle, terminée par une boucle losangique à peine différente ; les roses de vent plus simples, mais avec les ombres noires et les échancrures des aiguilles ; la fleur de lis bleue ouvragée, agrémentée de petits points rouges[1] ; les drapeaux portugais et mauresques, carrés ou triangulaires, plantés sur de petites collines vertes ; le mince galon vert qui court le long des côtes et s'étale en nappes sur les grandes terres insulaires[2] ; les petites îles coloriées en bleu, rouge, vert, avec leurs noms en rouge, etc. Enfin, l'écriture des deux cartes est identique, autant du moins que l'on en peut juger sur les copies dont nous pouvons disposer.

Les seules différences, qui méritent d'être signalées, se tirent de la présence sur la carte marine signée *Pedro Reinel*, de deux drapeaux de l'ordre du Christ, plantés sur le Maroc et à Terre-Neuve, et de deux échelles de degrés, l'une noire et blanche suivant du nord au sud, à travers toute la carte, la ligne de démarcation pontificale, l'autre blanche et grisâtre, courant obliquement du nord-est au sud-ouest, à une petite distance des grandes terres découvertes par les Corte Real.

Ces différences sont, on le voit, bien minimes et ne sauraient infirmer la conclusion qui s'impose à l'observateur impartial. *Les deux cartes sont de même main,* et si l'une offre quelques particula-

que Kunstmann a supprimée en enlevant en même temps la légende d'*Anne de Sanzay*. Sa reproduction va bien en bas jusqu'au cap Vert, mais elle ne commence en haut qu'un peu à l'est de Gibraltar. Au centre sont figurés les archipels de l'Atlantique, Canaries, Madère, Açores, etc.

1. Il y a bien dans le détail de petites modifications, mais elles ne sont pas assez importantes pour changer l'aspect général de la pièce. Ainsi, l'une des roses secondaires, coupée par le bord inférieur de la carte, a les pétales peints en rouge ou en vert foncé, et l'aiguille en est rouge. Les autres ont les pointes alternées de rouge et d'un vert sombre, qui peut être, il est vrai, le résultat d'une décomposition lente du bleu.

2. Sauf cependant *lancerotte*, avec la croix de Gênes traditionnelle et la Grande Canarie, finement rayée de rouge et de blanc. Le cap Vert est couvert d'une large tache verte.

rités accessoires que ne présente pas l'autre, c'est qu'une quinzaine d'années séparent leur fabrication.

La première carte, celle de l'Atlantique, daterait, à notre avis, de 1502 ou environ ; la seconde remonterait au plus tôt à 1517, puisqu'elle renferme dans ses portions orientales des tracés inconnus des cartographes avant le retour d'Abreu de son voyage des Moluques (1512), et la vulgarisation très imparfaite de ses découvertes dans les Indes, puis en Europe (1516).

IV

Nous avons dit que le facteur Alvarez avait vu à Séville les deux Reinel achever une carte où étaient placées les Moluques. La carte marine du *Hauptconservatorium* de Munich montre, en effet, pour la première fois, un tracé relativement assez fidèle d'une partie de la Sonde et des îles des Épices, que les cartes antérieures ignorent toutes complètement[1].

Au delà de *Seilam* (Ceylan), que l'on voit à l'extrémité gauche de la reproduction photographique qui accompagne notre travail (Pl. VI) la côte indienne se détourne vers le nord et le golfe de Bengale se dessine avec une exactitude relative, inconnue jusqu'alors. Les bouches du Gange et du Brahmapoutre sont sommairement indiquées ; le Pégou, avec son fleuve, le Salouen, est bien reconnaissable. En avant d'un cap répondant au cap Negrais, cinq îles, sur deux rangs, rappellent la présence de l'île Preparis et du groupe de la Grande Andaman. Plus bas, la côte offre deux ouvertures qui semblent correspondre à l'embouchure des rivières de Tavoÿ et de Tenasserim.

Tous ces contours sont à l'état de simple trait, fermement dessiné et un seul mot peut s'y lire : celui de *pegu*, le Pégou. A partir de

---

1. Il est remarquable que ce soient aussi les Reinel qui, les premiers, aient fait connaître les contours approximatifs de Madagascar. La carte dite de Cantino et celle de Canerio représentaient bien San Lorenzo, récemment découverte, mais en faisaient un long quadrilatère irrégulièrement échancré. (Cf. L. Gallois, *Une nouvelle carte marine du XVIe siècle. Le portulan de Nicolas de Canerio* (Lyon, 1890, br. in-8°, pl. II). M. Grandidier a fait exécuter le fac-similé des deux cartes sus-mentionnées et celui de la pièce que j'attribue aux Reinel dans l'atlas historique qui accompagne son grand ouvrage sur Madagascar.

Queda, la ligne se renforce et se colore en vert, les détails se multiplient le long du rivage, où l'on reconnaît plus ou moins Poulo-Ladda, Poulo-Pinang, Dinding, Sambilong, etc., avec ce seul nom *ilhas de Sammarins*, un nom aujourd'hui disparu. On distingue assez bien les entrées de Pérak et de Panagin, de Malacca (*Malaca*), de Mouar (*rio de Muar*) et de Batou-Passat (*rio frremoso*); les basses de Capacia (*Capacya*), le cap Parcelar (*cavo de Meduar*), Poulo-Pisang (*Pulupica*), et enfin Singapour (*Ancapura*).

En face, sont dessinées deux des îles Nicobar (*Nycobar*), puis on trouve *Ganispora*, singulièrement exagérée comme presque toujours dans ses dimensions[1], puis Sumatra, assez exacte dans ses contours orientaux et septentrionaux, mais fort raccourcie en même temps que beaucoup trop large[2].

Le long du détroit de Malacca, on peut lire, sur la côte sumatraise, les noms de *Pacem* (Paséi), de *Dani*, sans doute Deli, d'*Aru* (les îles Arou), de *irra de Ryu* (Riouw), et enfin de *Campar* (Kampar).

Quelques-unes des localités dont on vient de dresser la liste étaient connues depuis Marco Polo. Les îles Nicobar sont nommées *Necuveran* par le grand voyageur vénitien; Ganispora et Pacem correspondent au *Gauenispola* et au *Basma* de sa relation[3].

D'autres, comme *os baixos de Capacca*, font partie de la nomenclature du voyage de Diego Lopez de Siqueira en 1509[4].

---

1. C'est ici l'ensemble des petites îles Poulo-Nankaï, Poulo-Bras, Poulo-Waï, près de la tête d'Atjch (Cf. H. Yule, *The book of ser Marco Polo the Venetian*, 2ᵉ éd., vol. II, p. 290. London, 1875, in-8°).

2. On y voit le tracé de deux embouchures de fleuves indéterminés, dont le dessinateur a considérablement exagéré l'importance.

3. H. Yule, *op. cit.*, vol. II, p. 265 et 270, 283 et 289-291.

4. Les autres noms propres que je relève chez ce voyageur sont *Nicubar, Malaca, Sumatra, Pedir, Pacem, Ylha de Poluoreira* (Poulo-Varela). Pedir est mentionné ainsi que Pacem, comme cité de Sumatra, et son roi possède une rivière d'huile, *por sua terra corria hū rio dello (azeite)* (Galvão, *ed. cit.*, p. 108). Il est question des *Bacas*, les Battaks anthropophages, les Bathech de Conti Poggii Bracciolini Florentini *Historiæ de varietate fortunæ* libri IV. Lutetiæ Parisiorum, 1723, in-4, p. 131). « Esta ylha de Samatra he a primeira terra q' la sabemos, em q' se come carne humana, hūas gentes que viuem nas serras que se chamam *Bacas*, douram hos dentes, dizem que a carne dos homẽs pretos he mais saborosa que a dos brancos. » (*Ibid.*) Cette opinion sur la chair des blancs comparée à celle des noirs était encore prêtée, il y a quelques années, aux anthropophages de la Nouvelle-Calédonie. La dorure des dents

D'autres encore figurent dans la célèbre lettre sur Malacca de Giovanni da Empoli (1514) : *Pecù* (Pegou), *Den* (le Dani de Reinel, Deli)[1].

Mais il faut arriver jusqu'à Duarte Barbosa (1517), pour trouver mentionnés, dans le chapitre *Ha muy grande ilha de Çamatra*, des localités du sud des détroits, *Compar* (la Campar des Reinel), *Andiagao* (Indrajiri), enfin *Macaboo* (Menang Kabou), le pays de l'Or[2].

Un groupe de dix-sept îles de moyenne grandeur, coloriées en bleu et en rouge, dans les intervalles desquelles sont jetés, comme au hasard, d'innombrables îlots, occupe le sud de la péninsule malaise, en face de *Campar* dont il est séparé par un canal qui porte le nom de *Sabā*. C'est l'archipel qui s'étend de Mapor à l'est, à Groot Karimon, à l'ouest, et de Battam et Bintang au nord, à Lingga et Singkep au sud, et que Straat Saban sépare en effet du territoire sumatrais de Kampar.

des *Bacas* n'est sans doute autre chose que l'ensemble des embellissements de diverse nature procurés à la bouche des Battaks à l'aide du laiton. Siqueira, ou plutôt son abréviateur, mentionne en dernier lieu d'autres sauvages de Sumatra, les Dara, qui auraient des queues comme des carnassiers, *que tam rabos como carneiros.*

1. On y rencontre encore les noms de *Zamatora* ou *Zamatra*, *Passe* (Pacem), *Pedir* (Pidir), *Poluerera* (Poulo-Varela) *isola de' Chini*, l'île des Chinois, en face de Malacca (*Littera di Giovanni da Empoli a Leonardo suo padre intorno al viaggio da lui fatto a Malacca e frammenti di altre lettere del medesimo*, ecc., publ. da I. Gräberg da Hemsö (*Archiv. storic. italiano. App.*, t. III, p. 49, 52, 54, ecc.).

2. Parmi les villes de *Çamatra*, Duarte Barbosa mentionne : « ... *Pedir*, honde nase muyta e fermosa pimenta, mas non tam fine nem forte como ha de Malabar, tambem se cria muyta seda, mas nom tam fina com ha de China... *Pansem* ... tem hum bellissimo porto, e nelle nase grande quantidade de pimenta, de que se carregão navios : outro se chama *Achem* igualmente da parte do Norte situado n'hum cabo desta ilha em 5 graos, outro *Compar*, outro *Andiagao*, outro *Macaboo*, que tem muyto ouro que aquy nase... » (Duarte Barbosa, p. 375). Andiagao est une mauvaise lecture pour Andragao, le manuscrit espagnol traduit en anglais par lord Stanley of Alderley écrit Andraguide (p. 196 de l'édition de Duarte Barbosa de la Société Hakluyt). Castanheda donne la forme *Andragide* (*Historia do livro segundo do descobrimento e conquista da India pelos Portugueses*. Lisboa, 1833, l. II, cap. cxi, t. II, p. 353). Eredia, la forme *Andriguir* (Godinho de Eredia, *Malaca, l'Inde méridionale et le Cathay*, reprod. et trad. par M. L. Janssen. Bruxelles, 1882, in-4, fac-similé, 24 v°). Les autres mots sont écrits *Campar* et *Manancabo* dans l'édition Stanley, *Pedir, Pacem, Campar, Menancabo*, dans Castaneda, qui donne aussi les mots *Auru, Polvoreira, Cincapura*, etc. (cap. cxi, cxvi, etc.).

Plus au sud encore, sont figurées deux grandes îles peintes de vert, l'une desquelles, la plus méridionale et la plus vaste, ne peut correspondre par sa forme et par sa position qu'à l'extrémité sud de Sumatra, quoiqu'elle porte l'inscription *Ilha de Jaavaa*. C'est pour nous, sans le moindre doute, le pays de Palembang avec le district des Lampongs, considéré par le géographe portugais comme une terre distincte du reste de Sumatra, erreur qui s'explique aisément par la nature même des atterrages formés de vastes plaines, basses et marécageuses, s'étendant au delà du large estuaire de Banjou Assin.

La seconde terre, située plus au nord, correspond parfaitement à l'île de Bangka, dont la côte nord-ouest prolonge d'ailleurs, comme sur la carte des Reinel, la limite septentrionale du pays de Palembang.

Java est plus à droite; on retrouve assez aisément la forme de ses côtes septentrionales, avec la saillie qui correspond au Bandjaran, et le canal qui sépare la résidence de Sourabaya de l'île de Madoura. Mais le cartographe qui a donné le nom vrai de cette terre, à celle qu'il avait par erreur détachée de Sumatra, n'ayant plus, sur le portulan fort sommaire qu'il possède, d'autre vocable à appliquer à une grande île que celui de *Simbabau*, transporte ce mot à l'ouest comme il a fait du précédent, au lieu de le réserver à l'île de Sumbawa, à laquelle il appartient sans aucun doute.

Ces deux erreurs en entraînent une troisième. Le seul nom, demeuré disponible dans la très courte nomenclature que possède notre géographe, est celui de *cabo da frroresta*, le Floreshoofd des cartes modernes, à l'extrémité orientale de l'île du même nom. C'est à la première grande terre, à l'est de Java, qu'il s'empresse de l'appliquer.

Madoura est bien reconnaissable, trop réduite seulement, comme Java, d'ailleurs, dans ses dimensions en travers. Les terres du voisinage, Kangilan, etc.. sont suffisamment indiquées. Le géographe a même tenu compte des petites îles plus au nord, Karimon, Bawean, etc.

Bali, Lumbok sont en place et l'île transformée en *Frroresta*, Florès, ne peut être que Sumbawa, qui vient à la suite des autres, dans la nomenclature des îles de la Sonde. Les mots *ilha de fuego*, écrits un peu au-dessus et à gauche, s'appliquent d'ailleurs d'une manière particulièrement exacte à l'immense et terrible volcan de Tambora, dans la presqu'île du même nom sur la côte nord de Sumbawa.

La chaîne se continue, sans nomenclature aucune, assez loin encore dans l'est : un certain nombre de terres en représentent la prolongation. Puis un énorme banc, tracé en pointillé, avec de petites croix signalant des récifs et quelques îles incluses, s'incurve lentement vers le nord-ouest, comprenant à la fois dans son expression graphique, tout ce qu'il y a encore de terres inconnues à l'orient des précédentes.

Il est remarquable que Java, (Simbabau) Sumbawa, (Frroresta) Florès et une autre île encore de la chaîne se prolongent considérablement, toutes quatre, dans la direction du sud, fournissant ainsi le premier modèle de ces déformations spéciales que reproduiront en les amplifiant tant de cartes portugaises et françaises[1].

Une petite île se détache au nord de la Sonde orientale, *Solitarya*, Seroua peut-être. Au nord-est de cet îlot, à la distance et dans la direction voulues, sont placées les îles de Banda, *ilhas de babaȳ*, avec l'inscription caractéristique *aguy a az maisiz* « *Ici il y a les macis.* »

Banda était connue, depuis les voyages de Nicolo di Conti, comme l'une des îles aux Épices, mais c'étaient les clous de girofle (*garofani*) que lui attribuait comme production particulière le célèbre voyageur italien[2]. Le livre de Varthema, imprimé pour la première fois à Rome en décembre 1510[3], a rendu à Banda sa véritable spécialité botanique, le muscadier[4], dont le noyau est la muscade, et

---

1. Encore à la fin du siècle, Linschoten assurait que la largeur de Java est « incongneue jusques à present, aucuns estimants quelle soit partie de la terre Australe qui regardant le cap de Bonne Esperance s'estend jusques a ceste coste. Toutes fois, elle est communement tenue pour isle ». (*Hist. de la navigation de Jean Hugues de Linschot Hollandois aux Indes orientales*, etc., 3e éd., Amsterdam. 1638, in-fol., p. 35.)

2. Cf. Poggii Bracciolini Florentini, *Historiæ de varietate fortunæ. Ed. cit.*, p. 136.

3. *Itinerario de Ludovico de Varthema Bolognese nello Egypto, nella Suria, nella Arabia deserta et felice, nella Persia, nella India et nella Ethiopia. La fede, el vivere et costumi de tutte le prefate provincie. Con gratia et privilegio infra notato.* Stampato in Roma per maestro Stephano Guillireti de Loreno et maestro Hercule de Nani Bolognese ad instantia de maestro Ludovico de Henricis da Corneto Vicentino. Nel anno MDX a di vi de decembrio.

4. *Les Voyages de Ludovico di Varthema ou le Viateur en la plus grande partie d'Orient,* traduits de l'italien en français par Balarin de Raconis, publ.

dont l'arille est le *macis*, si recherchés de nos ancêtres' mais aujourd'hui en grande partie abandonnés l'un et l'autre.

Au commencement du xvi° siècle, le macis était encore un article de commerce fort important et notre cosmographe ne manque pas de signaler bien exactement le centre de production de cette précieuse marchandise. Il détermine plus loin avec la même netteté la patrie du clou de girofle.

Le petit groupe de Banda est couvert, du côté du nord, par des îles plus importantes, Céram avec ses annexes, Amboine, Honimoa, etc., et Bourou avec Amblauw. On reconnaît assez bien dans notre carte le tracé général de la côte sud de Céram, et un peu plus à l'ouest Amboine, puis Bourou. Mais aucune de ces terres ne porte de désignation particulière.

On ne trouve, non plus, aucun nom sur une grande île située un peu plus loin dans le nord-est et jointe aux précédentes par une zone épaisse d'écueils qui se contourne en une sorte de croissant irrégulier, dépassant un peu l'équateur du côté du nord. Cette terre ne peut être autre chose que la presqu'île septentrionale et occidentale de la Nouvelle-Guinée, le *Wonim-di-Atas* des cartes hollandaises modernes, augmenté des îles des Papous, qui en dépendent au nord et s'étendent jusqu'à la ligne. Entrevues par les Portugais, dès le début de leurs expéditions dans l'est, les îles mélanésiennes allaient être abordées un peu plus tard par Jorge de Meneses, auquel on en attribue généralement la découverte.

La carte des Reinel se termine par un certain nombre de petites terres irrégulièrement disséminées, les unes au nord, les autres au sud de l'équateur, et qui portent l'inscription, *ilhas de maluco domde a o cravo*. Ce sont les Moluques, la patrie du clou de girofle, une autre épice, très goûtée jadis, et qui occupait une large place dans les importations commerciales de l'Extrême-Orient en Europe[2]. Varthema avait le premier indiqué avec exactitude la véri-

par M. Ch. Schefer. (*Recueil de Voy. et de Docum. pour servir à l'hist. de la géogr. depuis le* xiii° *jusqu'à la fin du* xvi° *siècle*, etc.). Paris, 1882, in-8, t. IX, p. 241-244.

1. Voy. sur l'histoire de la muscade et du macis : W. Heyd, *Histoire du commerce du Levant au moyen âge*, trad. Furcy-Renaud, t. II, p. 78, 500, 548, n. 2; 644-648; — *Les voyages en Asie au* xiv° *siècle du bienheureux frère Odoric de Pordenone*, publ. par M. H. Cordier (*Recueil de Voy. et de Docum.*, etc. Paris, 1891, in-8, t. X, p. 104, 140, 145-46, 161, 164-66, 169-71, 271).

2. Cf. W. Heid, *trad. cit.*, t. II, p. 603, etc, ; H. Cordier, *Odoric de Pordenone, ed. cit.*, p. 145-150, etc.

table origine des clous de girofle que Nicolo di Conti faisait encore venir de Banda, ainsi que nous le rappelions plus haut. Dans cette partie de son récit, où le voyageur imagine, à l'aide des renseignements que lui fournissent ses compagnons de route, une expédition à *Monocq* qui n'a jamais été faite, on le voit expliquer comment « en ladicte ysle croist le clou de girofle et a plusieurs autres petites ysles autour qui sont deshabitées »[1].

Duarte Barbosa, en 1517, connaît par leurs noms cinq de ces îles Moluques. Ce sont : *Pachel* (Batchian), *Moreu* (Mareh), *Machian* (Makyan), *Tidor* et enfin *Ternate*[2]. Notre cartographe en dessine neuf qui comprennent, il est vrai, tout à la fois, les vraies Moluques et les terres, que Barbosa nommait *Andam*[3], correspondant très vraisemblablement au groupe d'Ombirah, qu'on laisse à droite en gagnant la baie de Batchian.

La carte des Reinel se termine du côté de l'est par une longue ligne, tracée au simple trait, qui doit représenter, tout à fait au hasard, la côte occidentale du Nouveau-Continent. Ces rivages, obliquement dirigés du sud-est au nord-ouest, viennent former avec ceux de l'Extrême-Orient de l'Asie qui marchent, du sud-ouest au nord-est, un large détroit, au milieu duquel les cartographes portugais ont disséminé les îles des *Chins*, ou Chinois.

V

Les Reinel avaient assurément puisé dans quelque portulan des premiers voyages aux Moluques les renseignements consignés sur la carte que je viens d'analyser. Une certaine connaissance d'un archipel se développant au sud de la presqu'île malaise, la mise

1. *Les Voyages de Ludovico di Varthema*, éd. Schefer, p. 244. L'étude du récit de Varthema m'a conduit à admettre avec Tiele (*De Europëers in der Maleischen Archipel* (*Bijdragen tot de Taal-Land-en Volken Kunde van Nederlandsch Indie*, IV v., 1 D. p. 322, 1878) et avec M. Schefer, que jamais le voyageur n'avait réellement fait le voyage aux îles des Épices, qu'il a raconté à la suite de celui de Sumatra et de la cité de Pédir. — Empoli parle aussi des girofles de Moluques : « È più avanti sono Maluc, donde viene garofani » *Lettera di Giovanni da Empoli, ed. cit.*, p. 81).
2. *Ed. cit.*, p. 378-380.
3. *Ed. cit.*, p. 378.

en place relativement exacte des détroits de Saban et de Bangka, l'hypothèse d'un canal séparant du reste de Sumatra les cantons méridionaux de cette île, les notions assez précises sur l'orientation générale de la Sonde, le détroit de Madoura, les îles de Banda et le macis, Céram, Bourou et Amboine, les Moluques et le clou de girofle, enfin sur le pays des Chins ne peuvent avoir leur source que dans une relation quelconque de la mémorable expédition qui mit en 1512 aux mains des Portugais les îles des Épices.

Ce voyage si important, qui achevait la prise de possession par le Portugal du commerce de l'Extrême-Orient, avait été entrepris par ordre d'Albuquerque à la fin de décembre 1511[1]. Trois navires, montés par cent vingt hommes[2], étaient partis de Malacca sous les ordres d'Antonio d'Abreu, *capitão môr*, qui s'était distingué au siège de cette ville[3]. Abreu commandait le navire *Santa-Caterina*, Francisco Serrão était sous-capitaine et montait un second navire dont le nom ne nous a pas été gardé; Simão Afonso était à bord d'une caravelle latine construite tout exprès pour le voyage. Les pilotes étaient Gonçalo d'Oliveira, *piloto môr*, Luys Botim, Francisco Rodriguez dont nous retrouverons plus tard le nom et l'œuvre, enfin deux indigènes fournis par Nynapam, riche marchand de Malacca, qui fut autorisé à joindre à l'expédition une jonque chargée de marchandises avec un facteur, pour enseigner aux Portugais la traite des épices[4]. Le facteur portugais était João Freyre; l'écrivain, Diogo Borjes[5].

L'expédition, chargée de marchandises appropriées[6], avait pour

---

1. Barros, *op. cit.*, Dec. II, liv. VI, c. v. — Albuquerque (*Commentarios*, parte III, p. 184 et Correa (*op. cit.*, t. II, p. 265) donnent pour date le mois de novembre.

2. Il y avait, en outre, huit esclaves sur chaque bord pour le service des pompes.

3. Correa, *op. cit.*, t. II, p. 235. — « Antonio de Abreu que era homem de bom reçado. » — Cf. *Commentarios do grande Afonso dalboquerque capitão geral que foi das Indias Orientales*. Parte III, p. 182. Lisboa, Reg. Officin. Typogr., 1774, in-12, etc.

4. Correa, *op. cit.*, t. II, p. 215, 242. — Ce marchand malais est nommé Nehôda Ismaël par Barros et Ninachata dans les *Commentaires* d'Albuquerque (part. III, p. 183) qui nous apprennent que le capitaine de la jonque malaise partie et rentrée avec Abreu, s'appelait *Cogequirmani*.

5. Castanheda, *op. cit.*, l. III, c. lxxv. — Correa (t. II, p. 265) nomme le premier Gomez, le second Pero.

6. ... « roupas de Cambaya e outras cosas que valião en Maluco (Correa, *op. cit.*, t. II, p. 265).

objectif de découvrir la route des îles d'Épicerie, *ilhas d'Especearia*; le gouverneur de Malacca avait dressé des instructions
spéciales, que Castanheda nous a conservées, sur la conduite à
tenir à l'égard des naturels que l'on allait visiter[1].

Les journaux de bord de cette audacieuse entreprise n'ont pas
été conservés, mais Antonio Galvão, le conquérant et l'apôtre des
Moluques, en a donné, dans sa précieuse histoire des découvertes[2],
des extraits étendus qui vont nous permettre de rectifier et de com-
pléter les données géographiques de la carte marine des Reinel.

L'escadre portugaise, en quittant Malacca, s'engage dans le détroit de Saban, *estreito de Sabam*, longeant la côte de Sumatra et
laissant à sa gauche, du côté du levant, d'autres îles nommées
Salites; q' chaman dos Salites[3], et parvient à Palembang que Galvão
donne comme une île distincte de Sumatra, *ylha de Palimbão*, ce
qui concorde, on le voit, avec le tracé des Reinel. Au delà de
Palembang est l'île de *Lusuparam*, Lucipara, un îlot tout au sud
du détroit de Banka, à l'entrée de la mer de Java[4]. Abreu et

1. « Et a principal cousa q̃ ho gouernador deu ao capitão moor em regi-
mento, et que lhe mais encomendou, foy que naquela viajem não fizesse
presas nem tomadias, nem arribasse sobre nenhũa nao, nem lhe desse caça,
nem sayse em nenhum porto, saluo hũa pessoa ou duas, et em todos os
portos a que chegasse desse presentes aos reys et senhores da terra, ou aos
gouernadores delas, et pera isso lhe deu escarlata baixa et outros panos
somenos, et veludo de Meca, q̃ foy tomado en bũa nao de Calicut, nem dou-
tras partes, assi nas ilhas do crauo como na das maças, ou fossem de mouros
ou de gentios, antes lhes desse todo fauor et ajuda qué lhes fosse necessario;
et que do mesmo modo q̃ eles carregassem carregasse elo, goardando em tudo
os costumes da terra et em Maluco nem em Banda não saysem nenhũs criados
dos capitãos nem outras pessoas, saluo ho feytor et seu escriuão, et ate quatro pessoas que lhe pera isso ordenasse. (Castanheda, *loc. cit.*, p. 257.)

2. *Tratado que compôs o nobre e notavel capitão Antonio Galvão, dos diuersos
e desuayrados caminhos, por onde nos tempos passados a pimenta e especearia
veyo da India ás nossas partes, e assi de todos os descobrimentos antigos e
modernos que são feitos ate a era de mil e quinhentos e cincoenta*. Éd. angl.
London, Hakluyt Soc., 1862, in-8, p. 115-119.—L'auteur, qui terminait ce livre
en 1553, est mort à Lisbonne en 1557. On connait une édition rarissime de son
livre publiée en 1563.

3. « Ilhas que se chamam Celate » (*Cartas de Affonso de Albuquerque seguidas
de Documentos que as elucidam*, publicadas de ordem da classe de sciencias
moraes, politicas e bellas lettras da Acad. Real das Sciencias de Lisboa. T. I,
p. 65, Lisboa. Typ. da Acad. Real das Sciencias, 1884, in-4.

4. Voir la carte de Versteeg (*Oosterhelft der Residentie Palembang*). Lucipara est aussi le nom d'un cap qui forme la limite méridionale extrême du
même détroit.

ses compagnons font voile pour l'île de ce nom, *pella nobre ylha
da Java*, dont ils courent toute la côte vers l'est, pour pénétrer
ensuite dans le canal qui la sépare de Madoura, *foram a Leste
correndo sua costa per antre ella e a ylha de Madeira*. Les rela-
tions entre les explorateurs portugais et les indigènes ne furent
probablement pas faciles ; du moins le journal, résumé par Galvão,
ne fait-il guère l'éloge des mœurs et du caractère des Javanais[1].

Après Java et Madoura, nos navigateurs longent successivement
les côtes septentrionales de *Bali*, d'*Anjano* (Lombok)[2], de *Simbaba*
(Sumbawa), de *Solor*[3], de *Galao* (Kwella, Lomblen), de *Mauluca*[4]
(Maloua, Ombaï), de *Vitara* (Wetter), et enfin d'*Arus* (Arou), la
patrie désormais célèbre des oiseaux de paradis[5].

Ils ont vu d'autres îles encore, sous le même parallèle, entre
sept et huit degrés, « si voisines les unes des autres, qu'elles pa-
raissaient ne faire qu'une seule terre »[6].

D'autres terres plus au nord nourrissent, dit Galvão, des peuples
plus blancs, *gentes mais aluas*, vêtus de chemises, de pourpoints
et de caleçons, comme les Portugais, *vestidas de camisas, gibões,
e ceroulas ccmo portugueses*, se servant de monnaie d'argent, *tem
moeda de prata*, gouvernés enfin par des personnages ayant pour
insignes des baguettes vermeilles et que notre auteur rattache
pour toutes ces raisons à la Chine[7]. D'autres peuples encore sont

---

1. « A gente desta ylha he mais bellicosa e que menos tem en côta a vida
que se sabe na redondeza, et dizem q' as molheres ganham soldo polas armas,
e por qualquer cousa se desafiam e matam hus a outros, como se fazē a
Mocos, e inuentam polejarem galos cō naualhas, porq' ho principal seu de
senfadamento he sanguiuolento. »(Galvão, *ed. cit.*, p. 116). — Conti exprime sur
les Javanais des sentiments à peu près identiques (Poggii Bracciolini Florentini
Historiæ de varietate fortunæ libri IV. Lutetiæ Parisiorum, 1724, in-4, p. 133).

2. Le plus haut sommet de Lombok porte encore le nom de Rindjani.

3. Solor n'est pas immédiatement sur la route suivie par Abreu vers l'est,
mais en est toute voisine et jouait probablement dès lors un rôle assez important dans la Sonde orientale, pour attirer son attention.

4. Je corrige ici le mot *Mauluca* du texte portugais.

5. « Arus, donde vē os passaros myrrados, q' sam mui estimados pera
penachos. » (Galvão, *ed. cit.*, p. 116.) — Voir ce que dit Linschoten des oiseaux
de paradis.

6. « Et outras q' jazem nesta corda da parte do Sul, em sete ou oito graos
daltura, et tam juntas hūas com as outras, q' parece toda hūa terra. »(Galvão,
ed. cit., p. 116.)

7. « Os q' gouernam a republica, trazē nas mãos varas vermelhas, por onde
parece que deuem de ser da China e nam tam somente estas, mas ha por

tatoués, *gentes pintadas*, et on leur attribue ce nom de *Chins*, que les Reinel localisent, nous l'avons dit, tout au nord de leur carte. Il est assez difficile de baser quelque conjecture solide sur des descriptions d'un caractère aussi vague : étant donné surtout que Galvão a oublié de nous dire à quelle période de leur voyage ses compatriotes furent en rapport avec ces peuples demi-civilisés, dont les Malais orientaux fourniraient de nombreux exemples, depuis Bornéo et Célèbes jusqu'à Misool et Salwattie.

Antonio d'Abreu, n'ayant pas trouvé les îles qu'il cherche, en poursuivant sa route à l'est de la Sonde, se décide à remonter au nord. Il découvre le groupe de Banda, *Rosolanguim* (Rosingain), *Gumuape* (Gounong Api)[1], gagne *Burro* (Bourou), puis Amboine (*Amboino*), visite la côte d'Honimoa? (*Wonim-di-Muar*); enfin d'Amboine atteint Céram où il jette l'ancre au fond de la baie de Tarouno, où la rivière Kolli-Kolli porte encore le nom que le commandant portugais attribue à son mouillage (*Guli-Guli*)[2].

Les insulaires de cette partie de Céram étaient anthropophages, et nos navigateurs virent avec horreur dans leurs cases des cadavres humains dont ces cannibales faisaient leur nourriture.

C'est dans la baie de Tarouno qu'on brûla le navire de Serrão qui ne pouvait plus servir : cette baie fut le terme du voyage pour la plupart des hommes qui composaient l'expédition. Ceux-là souls, en effet, une dizaine en tout, Serrão à leur tête, allèrent jusqu'aux Moluques, ou, comme on disait alors, aux îles du Clou, *ylhas do crauo*, qui échappèrent au naufrage de la jonque sur

---

aqui outras de gentes pintadas, que dizem ser dos Chins pouoadas. » (Galvão, *ed. cit.*, p. 117.)

1. Je rétablis ici *Rosolanguim*, énuméré par Galvão entre Wetter et Arou. Rosingain est si près de la Grande Banda qu'il est impossible d'admettre qu'ayant vu la première, les trois vaisseaux d'Abreu n'aient point vu la seconde. Le Gunong Api, la montagne de feu, n'est guère loin dans l'ouest et l'éruption de son volcan ne pouvait pas manquer d'attirer l'attention des navigateurs « porque do mais alto della (ylheta) corre sempre e do contino ate o mar ribeiras de fogo, cousa multo pera ver. » (Galvão, *ed. cit.*, p. 117). C'est une interpolation d'Hakluyt qui, dans le texte anglais de 1601, traduit Gumuape par Ternall; le texte portugais mentionne seulement *ylheta que se chama o Gumuapé*.

2. « Daqui foram ssa ylla de Burro et Damboino, et costearam a costa daq'lla q' se chama de Muar. Damboino surgiram em hũ porto, q' se diz Guli-Guli, saltaram em terra, tomaram hũa pouoaçam que alli estaua, e acharam nas casas homẽs mortos dependurados porque comem carne humana. » (Galvão, p. 117.) — *Gulli-Gulli, Ceiram, Bouro* (Rodriguez).

laquelle le second d'Abreu avait pris place pour rentrer à Malacca. On avait acquis cette jonque à Banda en même temps qu'on y chargeait de la muscade, du macis et du girofle[1].

La jonque se perdit sur les basses de Lusupino ou Lucupino[2], et il fallut tout le sang-froid, tout le courage de Serrão et de ses compagnons pour sortir sains et saufs de la lutte qu'ils eurent à soutenir, à peine sauvés des flots, contre une troupe de pirates malais. Cernés par ceux qu'ils croyaient déjà leurs prisonniers, les barbares durent se résigner à conduire les débris de l'expédition portugaise à Amboine. Les Portugais et ceux de Malacca qu'ils avaient avec eux, bien reçus par les gens de *Rucutelo* (Houkourila, sur la côte sud-est de l'île), leur vinrent en aide dans une expédition contre ceux de Veranula, *ciudad finitima de Batochina, Bachan* (Batchian), au sud des Moluques. Le bruit des victoires remportées par les gens d'Amboine, grâce au concours de Serrão, vint bien vite aux oreilles des rois de Ternate et de Tidor, et le premier, Boleyse, s'empressa d'envoyer une ambassade auprès de ces belliqueux étrangers, dont il comptait tirer un grand profit dans ses guerres contre ses voisins. Argensola donne de longs détails sur la venue à Amboine des dix navires et des mille soldats de Ternate, et sur la réception solennelle faite dans son île par Boleyse à Serrão et à ses compagnons[3].

« Ce furent les premiers Portugais, dit de son côté Galvão[4], qui

---

1. Il s'est glissé, dans le texte imprimé de Galvão, une grossière erreur à propos de Banda qu'il place par 8° de latitude sud. « Banda *q' estaa em oito graos da parte do Sul.* » Or les îles Banda sont entre 4° et 5°. Je suppose qu'en composant le texte de Galvão on aura pris un 5 pour 8 et traduit le chiffre mal lu par le mot *oito.*

2. « Padeció su Junco naufragio en las islas de Lucupino, q̃ significa islas de tortugas, cuya abundancia y grandeza los dieron el nombre » (Argensola, *op. cit.,* p. 6). Ces îles de Lucopino sont sans aucun doute les îlots de Lucipara, isolés dans le milieu de la mer de Banda, entre Amboine et la Sonde. La carte de Melvill von Carnbee (1854) inscrit, à côté du mot *Lucipara, Schild pad E*[n], îles des Tortues.

3. Argensola, *Conquista de las islas Malucas, ed. cit.,* p. 7-8. — Correa a donné de toute cette histoire une version erronée ; il a cru en effet que le Serrão parvenu à Ternate était, non pas le lieutenant d'Abreu, mais un autre Serrão envoyé comme facteur à Banda, par Gracia de Sá, capitaine de Malacca en 1518 (Correa, *op. cit.,* t. II, p. 710.)

4. Par une singulière distraction, le vieux texte portugais de 1562, qui n'est décidément pas soigné, a remplacé le mot de Portugais par celui d'Espagnol, *Espanhoes,* et l'on y lit la phrase « *foram hos primeyros* ESPANHOES que viram

vinrent aux îles du Clou, qui gisent à un degré de la ligne vers le nord. Ils y restèrent sept ou huit ans[1]. »

Antonio d'Abreu suivit sa route pour Malacca, avec la *Santa-Caterina*, la caravelle latine et la jonque de Nynapam, ayant découvert toute cette mer et les terres nommées ci-dessus, mais il mourut en chemin en revenant en Portugal rendre compte de sa mission[2].

Le 20 mai 1513, un vaisseau rentrait à Lisbonne de Malacca avec 1,901 quintaux de noix muscades, 553 quintaux de macis, etc., etc. Tout porte à croire que c'était, sinon la *Santa-Caterina* elle-même, du moins un bâtiment rapportant les épices chargées à Banda par Abreu au printemps de l'année précédente[3].

VI

En même temps que l'expédition d'Abreu partait de Malacca, un autre navire se dirigeait également vers l'est pour faire des découvertes. Ce navire était commandé par un homme de mer, qui devait, un peu plus tard, attacher son nom à l'une des plus grandes entreprises qu'il ait été donné à l'homme de tenter : c'était MAGELLAN. Faisait-il tout d'abord partie de l'escadre d'Abreu, comme l'ont assuré quelques historiens portugais ? Avait-il une mission spéciale à remplir pour Albuquerque dans les mers orientales ? Aucun document précis ne nous a été conservé sur ce voyage, et l'on sait seulement que celui qui, quelques années plus tard, allait commander la première expédition autour du monde, s'avança hardiment à 600 lieues à l'est de Malacca,

---

as ylhas do crauo, que jazem da linha contra ho Norte em hum grao, onde esteueram sete ou oyto annos. Antonio Dabreu fez su caminho pera Malaca, deixando descuberto todo aquelle mar e terra nomeadas. » (Galvão, p. 119). Dès 1601 Hakluyt avait corrigé l'erreur.

1. Neuf ans même, en ce qui concerne Serrão (Cf. Argensola, *op. cit.*, p. 14).

2. Barros, *op. cit.*, Dec. III, liv. V, cap. vi.

3. Cf. W. Heid, *Histoire du commerce du Levant au moyen âge*, trad. fr. de Furcy Renaud. Leipzig, 1886, in-8, vol. II, p. 548, n. 2. — Abreu avait été, en effet, retenu quelque temps à Malacca, avant de gagner Cochin, pour prêter son concours à diverses entreprises tentées alors contre les Malais (Cf. Correa, *op. cit.*, t. II, p. 280-287). On ne saurait donc s'étonner de voir son navire rentrer seulement à Lisbonne en mai 1513.

jusqu'à certaines îles, *vnas Islas*, où il put se mettre en communication avec Francisco Serrão, déjà réfugié à Ternate [1]. On ignore quelles sont ces îles; il pourrait bien se faire qu'elles correspondent à quelque point de la côte nord de la Nouvelle-Guinée, dont Texeira, beaucoup plus tard, attribuait à Magellan la découverte.

Quoi qu'il en soit, les renseignements rapportés par Magellan comme ceux qu'on devait à Abreu furent gardés secrets par le gouvernement des Indes. Giovanni da Empoli ne connaissait encore que vaguement ces divers voyages à la fin de 1515, et la lettre qu'il écrivit de Cochin le 16 novembre de cette année [2] mentionne seulement le retour dans ce port de deux des compagnons de naufrage de Serrão et la réussite d'une seconde expédition aux Moluques, d'ailleurs à peu près inconnue, qui suivit la première. Il s'agit très probablement du voyage d'Antonio de Miranda, qui alla créer à Tidor et à Ternate les deux premiers établissements qu'aient eus les Portugais dans ces îles.

La troisième expédition des Portugais aux Moluques, commandée par Tristan de Meneses, devança de six mois seulement l'arrivée

1. « En este mismo tẽpo, auiendo Magallanes passado soys cientas leguas adelante hazia Malaca, se hallaua en vnas Islas, desde donde se correspondia cõ Serrano. El qual, como le aula sucedido tã bien en Ternate cõ Boleyse, escriuio a su amigo los fauores y riquezas, que del auto recibido, y que per se bolulesse a su compañia. Magallanes dexando persuadir, propuso la yda al Maluco : pero en caso que en Portugal no premiassen sus seruicios como pretẽdia, desde donde luego tomaria la derrota de Ternate, cõ cuyo Reye en nueue años enriquecio Serrano tanto. » (Argensola, *op. cit.*, p. 15.)

2. Cf. *Capitoli di una Lettera, che scrive Giovani da Empoli Fiorentino, de' dì 16 di Novembre 1515, in Cuccino, città d'India ; venuta in Cananor per Cambaia 7 detto et ricevuta in Lisbona a di 22 d'ottobre 1516 (Biblioth. Magliabecchiana*, Cod. 80 della classa XIII, publiée par Gräberg de Hemsö à la suite de la lettre d'Empoli déjà citée (*Archiv. storic. italiano. App.*, t. III, p. 85-86). Voici le texte d'Empoli : « Di Malacca sono venuti navi e giunchi con molta quantità di specie, garofali, macis, nuce, sandali et altre richezze. Hanno discoperto le cinque isole di garofani ; e sono signori dui Portogalesi ; comandano e reggono la terra a bacchetta : terra di molta carne, larance, limoni et arbori di garofali che per sè medesimi nascono senza altro, che sono come a noi i boschi. Sono come metaranci, et fanno quelli rami di fiori ; e quelli che sono grossi più degli altri, sono che li lasciano troppo stare in su li arboli. *Qui ci è dui che sono stati là tre anni, che si perderono quando di qua erano l'altra fiata e forono straportati là ; e son vi stati sino abbiamo mandato a discoprire que' luoghi, dove li abbiamo trovati. Iddio sia laudato di tanta grazia e gran cose!* »

par le nord des survivants de l'expédition de Magellan. Elle avai
pour principal objectif de ramener de Ternate Francisco Serrão,
qui depuis son naufrage vivait près de Boleyse, dont il était devenu
l'ami, et qui avait acquis dans les îles une grosse fortune et une
influence énorme.

Ancien ami de Magellan, auteur d'une correspondance dont,
nous l'avons vu plus haut, ce dernier avait tiré parti pour con-
vaincre les conseillers de Charles-Quint, Serrão inspirait des
craintes fort sérieuses au gouvernement des Indes.

On redoutait, à bon escient, une intervention en faveur des
Espagnols quand ils se présenteraient avec Magellan à leur tête[1].
Serrão dut s'embarquer à bord d'un des navires de Tristan, chargé,
il est vrai, d'une mission spéciale de Boleyse pour le roi D. Manuel.
Une tempête dispersa l'escadre et Serrão mourut obscurément,
dans une embuscade d'Indiens, le jour même, à ce que l'on assure,
où Magellan tombait lui aussi sous les coups des Mores de Çebù
(27 avril 1521)[2].

En dehors de ses lettres à Magellan, qui n'ont pas été conservées, Francisco Serrão n'avait rien rédigé sur son voyage et sur
son séjour aux Moluques, et le petit opuscule que l'on a récemment publié sous son nom, n'est qu'une sorte de roman géographique à peu près sans valeur[3].

C'est donc, en somme, le portulan d'Abreu, augmenté de quelques données encore vagues sur les Moluques, tirées peut-être
des lettres de Serrão à Magellan, qui constitue la base des addi-
tions faites à la carte des mers d'Orient par les deux Reinel.

1. On peut voir dans les procès-verbaux de la Junte de 1524 *para determi-
nar la posesion y propriedad de las islas Malucas* (Navarrete, t. IV, p. 371)
qu'il passait, en effet, pour avoir soutenu auprès du roi indigène, son ami, les
intérêts de l'Espagne, *á cuyo Rey habia dicho muchas veces apretándole la mano,
que aquellas islas eran del Rey de Castilla.*

2. Argensola, *op. cit.*, p. 17.

3. Lord Stanley d'Alderley a imprimé une traduction de ce factum à la fin
de l'édition de Duarte Barbosa qu'il a donnée à l'*Hakluyt Society* (*A Description of the coasts of East Africa and Malebar in the beginning of the sixteenth
century by Duarte Barbosa*, etc. London, 1866, in-8, p. 225). Le chef de l'expédition est appelé *Juan* dans le titre et *Francisco* dans le corps du récit; la
date, rectifiée par lord Stanley, est *1522* dans le manuscrit original (Bibl. roy.
de Munich, n° 570) et le petit bateau, monté par cinq Malais, trois Portugais
et un Castillan, se promène avec une admirable désinvolture de Malacca à
Pegu, pour toucher à Pedir sur Sumatra, puis à *Bandan*, aux îles de *Malut*

VII

Les contours de l'Indonésie se retrouvent tout à fait identiques sur une autre carte à peu près contemporaine, et qui porte le n° 3 du même dossier composite du *Hauptconservatorium* de Munich[1], dont le n° 4 est le document que nous venons d'étudier.

Cette magnifique pièce, que Kunstmann a publiée en partie dans son atlas, est un grand planisphère, deux fois plus large ($1^m,24$) que haut ($0^m,62$)[2]. Elle ne porte pas de date, mais elle a dû être exécutée en 1517[3]. On y voit, en effet, représentés avec quelques indécisions, les contours de la presqu'île yucatèque découverte cette année même, au prix de grands sacrifices, par Francisco Hernandez de Cordova, et ceux du littoral de la mer du Sud, MAR VISTO PELOS CASTELHANOS, à une certaine distance à l'ouest et à l'est des îles des Perles visitées dans le même temps par Vasco Nuñez de Balboa. De plus, un pavillon portugais est planté sur un point du rivage du Céleste-Empire ; or, nous savons que si les couleurs de Portugal ont été montrées en Chine dès 1514, ce n'est que trois ans plus tard que Rafaël Perestello rapporta, d'un voyage fait à bord d'une jonque, quelques rares informations sur cette contrée, où ce négociant avait d'ailleurs réalisé d'immenses bénéfices[4].

La carte n° 3 du *Hauptconservatorium* n'a pas de nom d'auteur, ou si elle a été signée, le nom a été emporté dans la brutale déchirure qui a arraché l'angle inférieur gauche du parchemin. Mais on peut, sans aucune hésitation, assurer que cet auteur appartient à l'école portugaise ; certains détails d'exécution tendraient même

(les Moluques) et en particulier à *Tidory*, à *Borney* (Bornéo), à *Zayton* (Canton) et enfin à Java.

1. J'ai étudié ce document à l'aide d'une belle copie en couleur sur vélin, que possède la Bibliothèque nationale (Inv. Gén., n° 1020 = 5627).

2. *Atlas zur Entdeckunggeschichte Amerikas*, etc. Bl. IV.

3. Fr. Kunstmann, *Ueber einige der ältesten Karten Amerikas*, p. 130. — Cf. H. Harrisse, *Jean et Sébastien Cabot, leur origine et leurs voyages* (*Recueil de Voy. et de Docum. pour servir à l'hist. de la géographie depuis le XIII° jusqu'à la fin du XVI° siècle*, t. I, p. 167. Paris, 1882, gr. in-8). — La Bibliothèque nationale de Paris possède une bonne copie en couleur du document tout entier sous le n° 5627 (Inv. Gén., n° 1090).

4. Cf. Ljungstedt (A.)., *An historical Sketch of the Portuguese Settlements in China*. Boston, 1836, 1 vol. in-8, p. 1.

à faire croire qu'il se rattache à l'atelier des Reinel. Il a gardé le mince filet vert qui court le long des côtes et les massifs verdoyants qui indiquaient les montagnes, les deux types de roses des vents à pointes droites ou échancrées, la forme toute spéciale de l'aiguille de la boussole, etc. Mais les grandes inscriptions sont en capitales romaines, l'intérieur des terres est faiblement teinté de jaune et, surtout, les roses ou les pavillons sont richement dorés ou argentés, tandis que de jolis petits navires, finement miniaturés, voguent sur toutes les mers.

Ce n'est donc pas une carte de navigation, c'est une carte de luxe, telle qu'on peut se figurer une œuvre destinée à quelque personnage princier.

Le parchemin, deux fois plus large que haut, ainsi que nous venons de le dire, est exactement coupé en deux par une méridienne formée de petits cercles rouges, espacés de degré en degré, et qui correspond à la ligne de démarcation pontificale de 1494, séparant la terre de Brésil (*t. brasilli*) d'une part et de l'autre les terres des Corte Real, comprises dans la zone portugaise, du reste de l'Amérique, dévolue aux Espagnols. La délimitation est extrêmement nette : le monde espagnol est tout entier à gauche de la ligne, le monde portugais en occupe toute la droite. Or, par une concession tout à fait inattendue, l'auteur, qui appartient sans aucun doute à la nationalité portugaise et se rattache, nous venons de le dire, à l'école des Reinel par maints détails d'exécution, place les îles Moluques à l'extrémité occidentale de sa carte, c'est-à-dire *dans le carré des possessions espagnoles.*

Un sujet loyal de Sa Majesté Très-Fidèle n'eût pas consenti à trahir ainsi sur le parchemin une cause nationale. Les Portugais se disaient chez eux dans les îles de l'est, si éloignées qu'elles fussent de la ligne de démarcation, et leurs astrologues ou leurs pilotes raccourcissaient systématiquement la route de Calicut par la côte de Guinée, pour pouvoir maintenir toutes les îles des Épices dans la zone lusitanienne[1].

Pour qu'un cosmographe portugais ait embrassé la cause de l'Espagne d'une façon aussi manifeste que l'auteur de la carte dont nous discutons l'origine, il fallait qu'il appartînt à cette petite troupe de mécontents qui abandonnèrent le Portugal et prirent du service à Séville, dans les premières années du règne de Charles-Quint.

---

1. Cf. Navarrete, t. IV, p. 347, 348, etc.

Le plus célèbre de ces transfuges, Magellan, avait apporté, avec lui, nous l'avons déjà rappelé plus haut, un planisphère composé spécialement pour les besoins de la cause qu'il venait plaider en Espagne, et nous avons pensé, un moment, que la carte n° 3 du *Hauptconservatorium* exécutée avec luxe, suivant les principes des Reinel, dans le courant de 1517, c'est-à-dire très peu de temps avant le passage de Magellan en Espagne, pouvait être précisément ce planisphère dessiné par Pedro Reinel, dont nous parle Argensola[1].

Mais cette hypothèse doit être tout à fait écartée. En effet, Magellan a écrit pour le roi un court *mémorial* dont Navarrete a publié le texte[2], et un certain nombre des longitudes calculées par le grand navigateur et consignées par lui dans cette courte note sont tout à fait inconciliables avec celles de notre carte[3].

Elle n'est point non plus en harmonie avec les données adoptées plus tard (1524) à la junte de Badajoz par les astrologues et les pilotes de la *casa da contratacion*[4], à la tête desquels figurait Simon de Alcaçaba; ce n'est donc point encore l'œuvre de ce cosmographe que nous avons sous les yeux.

Diego Ribeiro, le troisième des transfuges venus de Portugal, est à Séville dès 1519, mais son rôle se borne tout d'abord à co-

---

1. Cf. Argensola, *ed. cit.*, p. 16.

2. *Memorial que dejó al Rey Fernando de Magallanes cuando partió a su expedicion, declarando las alturas y situacion de las islas de la Especeria y de las costas y cabos principales que entraban en la demarcacion de la Corona de Aragon* (Navarrete, *col. cit.*, t. IV, p. 188).

3. Les longitudes varient peu du document écrit au document figuré pour le cap Saint-Augustin ou pour Sant Anton des îles du cap Vert, mais il y a une différence de 10 à 11 degrés pour le cap de Bonne-Espérance, reporté beaucoup trop vers l'ouest par Magellan; l'erreur en sens inverse pour le *c. de Sancta Maria* est de près de 4 degrés; il y a 3 degrés encore de différence pour Malacca, etc., etc.

4. C'étaient D. Hernando Colon, Simon de Alcazaba, le docteur Salaya, Pero Ruiz de Villegas, fray Tomás Duran et le capitaine Juan Sebastian del Cano, astrologues et pilotes. Simon de Alcazaba fut récusé par le roi de Portugal « por haber seido su vasallo y natural di aquel reino, y dice que se viene contra su voluntad, y que por esto le tiene por sospechoso ». Il fut remplacé par le maestro Alcaraz (Navarrete, t. IV, p. 328-329, 361). Le bachelier Tarragona, pilote major, Sebastian Cabot, capitaine et pilote major, Juan Vespuchi, pilote et les autres pilotes de la *casa de contratacion*, Diego Rivero enfin assistaient comme conseils aux conférences particulières des Espagnols (*id.*, p. 331, 339).

pier les cartes des Reinel, comme l'assure le factour Sebastian Alvarez[1].

Je ne vois donc que ces derniers pilotes, auxquels il soit possible d'attribuer la paternité d'un monument qui porte d'ailleurs jusqu'à un certain point la marque de leur travail.

Cette pièce est la dernière en date de celles qu'il est permis de comprendre provisoirement dans leur œuvre. Elle fixe l'état des connaissances acquises en Portugal sur l'Extrême-Orient, au moment où le premier voyage autour du globe va si grandement élargir le champ des navigations lointaines, entre la Plata, d'une part, dont Solis a marqué l'embouchure, et de l'autre les rivages de la Chine où Andrade et Pires viennent de débarquer.

VIII

Pedro Reinel avait assurément formé quelques élèves, avant d'abandonner sa patrie pour l'Espagne. L'un des pilotes portugais, qui continuent le plus nettement la tradition de ce cosmographe, est Francisco Rodriguez, le pilote de la caravelle latine du voyage de 1511, dont les *Commentaires* d'Albuquerque célèbrent les services nautiques et l'habileté cartographique[2] et auquel on doit un important atlas conservé à Lisbonne. Cet atlas, reproduit en esquisses par Santarem[3] dans sa célèbre collection, contient une série de feuilles, qui représentent à grande échelle toute la navigation de l'archipel Indien. C'est comme une édition, très agrandie et fort améliorée, de la petite carte qui a été le point de départ de notre travail. La feuille n° 18 met en place *Niquibar* et *Gamisspolla*, et l'île du poivre, Sumatra (*esta ilha terra de Çamara, homde a muita pimenta*) avec *Pidir* et *paccim*, et en face la péninsule malaise qui porte les noms de *Quedaa, rio do trom, baixos de capacia, rio de mellda, muar, rio fermosso*, et enfin *Sangipura*, Singapour.

1. Navarrete, t. IV, p. 155.
2. « Francisco Rodriguez, homem mancebo, que sempre andou na India per piloto e sabia mui bem fazer hum padrão ». (*Ed. cit.*, parte III, p. 182.)
3. *Portulan dressé entre les années 1524-1530 par Francisco Rodriguez, pilote portugais qui a fait le voyage aux Moluques* (Santarem, *col. cit.*). — Il va sans dire que les dates assignées à l'atlas sont données par Santarem, qui ignorait que Rodriguez fût déjà à Malacca en 1511.

Rodriguez corrige l'erreur de ses devanciers, en soudant les deux fragments jusque-là séparés de la terre sumatraise; l'île de Palembang disparaît, c'est la fin de la grande île, *ista he a fim da ilha de Çamatara* (feuille n° 19).

Il marque pour la première fois sur la carte le nom de l'île de Banka qu'il confond du reste avec la ville de Bantam (*ilha de banta*). Il sait comment s'appelle le détroit qui sépare Java (*ilha de Iaaos*) de Sumatra; *se chama Ssunda*, c'est la Sonde.

Il a recueilli, chemin faisant, quelques noms de localités javanaises, *Ssurubaya*, Sourabaya, *Gracic*, Grésik.

Il énumère plus complètement que ses devanciers les autres grandes îles de la chaîne : *Ilha de Madura*, Madoura; *Ballaram*, Bali; *Lamboquo*, Lombok; *Ssimbaua*, Sumbawa; *Aramaram*, Mangerai, l'un des noms de Flores[1]; *Cabo de Frollis*, Floreshoofd; *Ilha de Solor*, Solor; *Balutara*, Wetter; Timor enfin, *ilha de Timor, homde nace o ssamdalo*. Giovanni da Empoli avait déjà donné Timor, comme le pays du santal. *Timor, onde viene sandali bianco e vermiglio*[2]. Duarte Barbosa parle aussi du santal de Timor et du commerce important qui se fait de ce bois aromatique dans l'Inde et la Perse[3].

Bornéo, les îles de Banda (*ilhas de bainda, homde nacem ass maças*) Céram (*Ceiram*) Bourou (*Bouro*) sont indiqués. Il en est de même de *Gulli-Gulli*, où Rodriguez avait hiverné en 1511-1512 avec Abreu et Serrão. Le groupe d'Arrou (*Huro*) porte encore le nom de *I. dos papagaios*; Rodriguez a pris pour des perroquets les oiseaux de paradis, que ces îles commencent à exporter en grand nombre[4].

---

1. Est-ce à Mangeral, l'un des noms de Florès, que correspond ainsi Aramaram, ou ce mot n'est-il pas plutôt une forme un peu durcie d'Olemolem, nom d'une des tribus de la bande nord de l'île?

2. *Lettera di Giovanni da Empoli, ed. cit.*, p. 81.

3. « Nesta ilha (de Timor) ha muytos sandalos branquos que hos Mouros muyto estimaom na India e Persia, honde se gasta muyta soma deles e tem grande valia na Malabr, Narsyugua, e Cambaya » (*Livro de Duarte Barbosa, ed. cit.*, p. 377).

4. Rodriguez connaît aussi, bien mieux que ses devanciers, les côtes de la Chine et l'une de ses cartes remonte jusqu'à Pekin, dont elle dresse le plan et enseigne la route. On peut se demander dans quelle mesure les contours relativement précis des cartes de Rodriguez n'ont pas été empruntés par ce pilote à une pièce indigène dont Albuquerque lui avait fait faire un extrait pour le roi de Portugal avant son départ avec Abreu. Il est question de cette pièce, dont l'original était dès lors perdu, dans une lettre du grand capitaine,

Les Moluques font l'objet d'une mention spéciale : *estas quatro ilhas [...?] ssam as do Maluquo homde nace o cravo.*

Nous retrouvons, enfin, dans le nord-est, la grande terre figurée déjà par les Reinel et qui cette fois porte un nom, désormais célèbre dans les annales des navigations orientales, *Ilha de papoia,* l'île des Papous, la péninsule occidentale de la Nouvelle-Guinée avec les îles secondaires qui l'entourent[1].

récemment publiée qui porte la date du 1er avril 1512 (*Cartas de Affonso de Albuquerque seguitas de Documentos que as elucidam* etc., t. I. p. 64-65. Lisboa, Typ. da Acad. Real das sciencias. 1884, in-4°). Voici le texte d'Albuquerque :

« Tambem vos vay hum pedaço de padram que se tirou dũa gramde carta dum piloto de jaoa, aquall tinha ho cabo de boõa esperamça, portugall e a terra de brasyll, ho mar rroxo e ho mar da persia, as ilhas do crauo, a navegaçãm dos chins e gores, com suas lynhas e caminhos dereytos por omde as naos hiam, e ho sertãm, quaees reynos comfynauam huns cos outros ; parece me, senhor, que foy a milhor cousa que eu nunca vy, e voss alteza ouuera de folgar muyto de ha ver ; tinha os nomes por letra jaoa, e eu trazio jao que sabia ler e espreuer ; mãmdou esse pedaço a voss alteza, *que francisco rrodiguez empramiõu sobre a outra,* domde voss alteza poderá ver verdadeiramente os chins domde ven e os gores, e as vossas naos ho caminho que am de fazer pera as ilhas do crauo e as minas do ouro omde sam, e a ilha de jaoa e de bamdam, de nos nozcada e maças e a terra del rrey de Syam e asy o cabo da terra da nauegaçam dos chins, e asy para omde volve e como daly a diamte nam nauegam : *a carta primcipall se perdeo em froll de la mar* ; co piloto e com pero dalpoem pratiquey ho symtir desta carta, pera la saberem dar rezam a voss alteza ; temde este pedaço de padram por cousa muyto certa e muyto sabida, porque he a mesma nauegaçam por omde eles vam o vem mingua lhe o arcepedego das ilhas que se chamam *celate,* que jazem amtre jaoa e malaca. »

Il paraît résulter de cette lettre d'Albuquerque que Rodriguez avait fait une sorte d'adaptation d'une grande carte javanaise, ou plutôt arabe, détruite depuis lors, et sur laquelle on ne s'explique pas aisément, il faut bien le reconnaître, les indications relatives au Portugal et surtout au Brésil. Il est assez probable que, suivant les habitudes des cartographes de son temps, Rodriguez avait introduit dans un cadre de sa fabrication les dessins fournis par la composition indigène et que c'est à l'ensemble ainsi obtenu que s'adressent les éloges d'Albuquerque.

Quoi qu'il en soit, l'atlas de Rodriguez que Santarem nous a conservé, postérieur en date au *padram* de 1512, doit se ressentir de l'influence exercée par ce document sur l'œuvre du cartographe portugais.

On ne sait d'ailleurs presque rien de bien précis sur les cartes des Arabes et des Chinois, relatives à l'Extrême-Orient, et il est impossible, pour l'instant, de déterminer leur part d'action dans les progrès de la géographie portugaise au commencement du XVIe siècle.

1. Je ne lis pas complètement la légende qui suit les mots *Ilha de Papoia* dans la copie de Santarem. Je crois pourtant comprendre qu'elle donne l'in-

La grand'route de l'archipel Indien est connue jusque vers ses extrémités les plus orientales et si l'œuvre des Reinel et de leur école n'est pas encore complète, du moins les navigateurs ont-ils dès lors à peu près les moyens de gagner la Sonde, Banda et les Moluques avec une sécurité relative.

Les cartes de Diego Ribeiro de 1529 constatent ingénieusement ces progrès énormes dans la connaissance des mers de l'Extrême-Orient.

Une flotte entière y est peinte, marchant à toutes voiles dans les routes récemment ouvertes, et chacun des jolis petits navires, qui passent sous les yeux du lecteur, lui jette la triomphante devise : *Vengo de Maluco, Vay à Maluco,* JE VIENS DES MOLUQUES, JE VAIS AUX MOLUQUES.

dication de la distance de ce point à la terre Santa Cruz, par conséquent à la ligne de démarcation pontificale qui longe à l'ouest cette terre, c'est-à-dire le Brésil.

ANGERS IMP. BURDIN ET Cie, RUE GARNIER, 4.

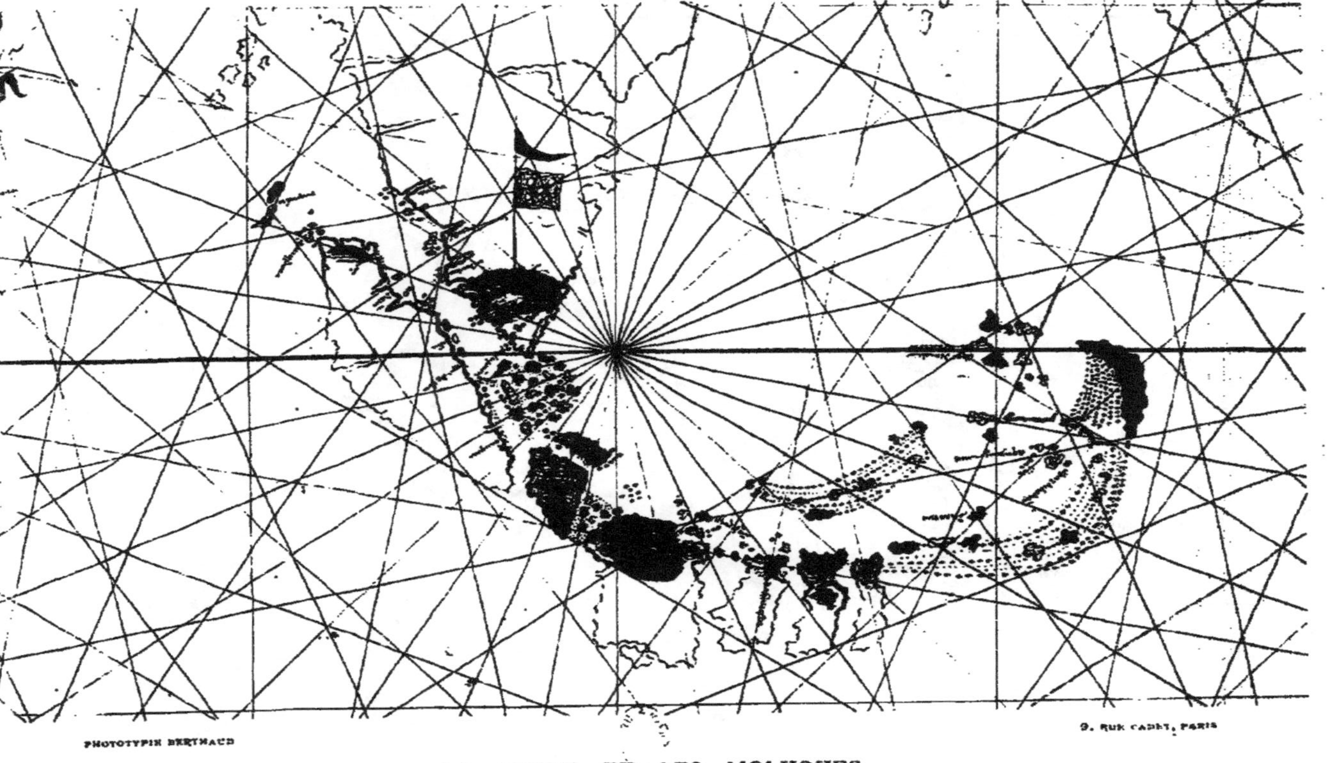

LA SONDE ET LES MOLUQUES

TRACÉES POUR LA PREMIÈRE FOIS PAR LES REINEL

VERS 1517

Carte montrant l'état des connaissances géographiques
des Portugais en Indonésie vers 1519

Dessiné par E. T. Hamy.
Ernest LEROUX, Éditeur. — Imp. Monrocq. — Paris.

ANGERS, IMPRIMERIE BURDIN ET Cie.
4, RUE GARNIER, 4.